# Sachbücher von Janvier T. Chando

IKONEN UND BÖSEWICHTE: Jüngste Politische Attentate…
GEFALLENE HELDEN: Afrikanische Führer, deren Attentate...
UKRAINE: Das Tauziehen zwischen Russland und dem Westen
KAMERUN: Frankreichs Dysfunktionales Marionetten System in Afrika
KAMERUN: Das Heimgesuchte Herz Afrikas

## Fiktionstitel von Janvier Chando

Der Usurpator: und andere Geschichten
Triple Agent, Doppel kreuz
Jünger des Vermögen
Die Union Muschik
Blitz der Sonne
Vermögen Ruft
Meister des Vermögen
Kinder des Vermögen
Großmütter und Perfekte Liebe
Verliebt Sein und Weise Sein
Die Feuer und Eis Legende
Der Süßeste Wahnsinn
Das Hunger Feuer
Die Schatten des Feuers
Vater und Söhne
Der Arzt
Dunkle Schatten
Schicksalhafte Krawatten
Das Urteil des Hades
Prozess Gegen Seine Majestät
Ngokos Torheit
Der Usurpator
Die Mitgift
Ich bin gehasst
Der Lümmel

## Kommende Titel von Janvier Chando

Die Heim-Herumtreiber
Der Weiße Falke
Die Norilsk Bären
Sterbliche Freunde

# DER TOD, DER DAS HERZ AFRIKAS ERWÜRGTE:

Die Entmenschlichende Ermordung von
Patrice Lumumba aus dem Kongo und die
Entgleisung der Ehemaligen Belgischen Kolonie

## Janvier T. Chando

TISI BOOKS

NEW YORK, RALEIGH, LONDON, AMSTERDAM

VERÖFFENTLICHT VON TISI BOOKS

ISBN-13:  978-1-6988-4837-2
ISBN-10:  1-6988-4837-4

VERÖFFENTLICHT VON TISI BOOKS
www.tisibooks.com

NEW YORK, RALEIGH, LONDON, AMSTERDAM

Gedruckt in den Vereinigten Staaten von Amerika

# ANERKENNUNG

Ein besonderer Dank geht an Tante Anna Mapajane Chitja, die mich mit dem Vermächtnis von Lumumba bekannt gemacht hat.

# WIDMUNG

Das Buch ist allen ikonischen und legendären Führern gewidmet, deren Zweck es war, der Menschheit zu dienen und das Wohlergehen der Menschheit zu fördern, insbesondere jenen, deren historische Missionen von den bösen Mächten dieser Welt unterbrochen wurden.

# DER TOD, DER DAS HERZ AFRIKAS ERWÜRGTE:

Die Entmenschlichende Ermordung von
Patrice Lumumba aus dem Kongo und die
Entgleisung der Ehemaligen Belgischen Kolonie

# ZITATE VON PATRICE LUMUMBA

„Die Kolonialisten kümmern sich nicht um Afrika. Sie werden von Afrikanischen Reichtümern angezogen und ihr Handeln wird von dem Wunsch geleitet, ihre Interessen in Afrika gegen die Wünsche des Afrikanischen Volkes zu wahren. Für die Kolonialisten sind alle Mittel gut, wenn sie ihnen helfen, diesen Reichtum zu besitzen."

„Der Tag wird kommen, an dem die Geschichte sprechen wird. Aber es wird nicht die Geschichte sein, in Brüssel, Paris, Washington oder in den Vereinten Nationen gelehrt wird… Afrika wird seine eigene Geschichte schreiben und sowohl im Norden als auch im Süden wird es eine Geschichte von Ruhm und Würde sein."

„Politische Unabhängigkeit hat keine Bedeutung, wenn sie nicht von einer raschen wirtschaftlichen und sozialen Entwicklung begleitet wird."

„Ohne Würde gibt es keine Freiheit, ohne Gerechtigkeit gibt es keine Würde, und ohne Unabhängigkeit gibt es keine freien Menschen."

„Ein Minimum an Komfort ist notwendig, um Tugend zu üben.“

„Das Einzige, was wir für unser Land wollten, ist das Recht auf ein würdiges Leben, auf Würde ohne Vorwand, auf Unabhängigkeit ohne Einschränkungen. Dies war niemals der Wunsch der Belgischen Kolonialisten und ihrer westlichen Verbündeten…

„Diese Spaltungen, die die Kolonialmächte immer ausgenutzt haben, um uns zu dominieren, haben eine wichtige Rolle beim Selbstmord Afrikas gespielt, und spielen diese Rolle immer noch.“

„Wir wissen, dass Afrika weder Französisch noch Britisch noch Amerikanisch oder Russisch ist, dass es Afrikanisch ist. Wir kennen die Objekte des Westens. Gestern haben sie uns auf der Ebene eines Stammes, eines Clans und eines Dorfes aufgeteilt. Sie wollen antagonistische Blöcke, Satelliten erschaffen…”

„Niemand ist perfekt in dieser unvollkommenen Welt.“

„Afrikanische Einheit und Solidarität sind keine Träume mehr. Sie müssen in Entscheidungen zum Ausdruck gebracht werden.“

„Die Befreiung des Geistes des afrikanischen Volkes wird ein härterer Kampf sein als die Ausrottung der Kolonialregime der Siedler."

# INHALT


ANERKENNUNG.................................................................... 7

WIDMUNG ........................................................................... 9

ZITATE VON PATRICE LUMUMBA ............................................ 13

Karten .................................................................................. 19

EINFÜHRUNG ..................................................................... 25

Kapitel Zwei ........................................................................ 31

Kapitel Drei ......................................................................... 36

Kapitel Vier ......................................................................... 41

# Karten

**Kongo auf einer Weltkarte**

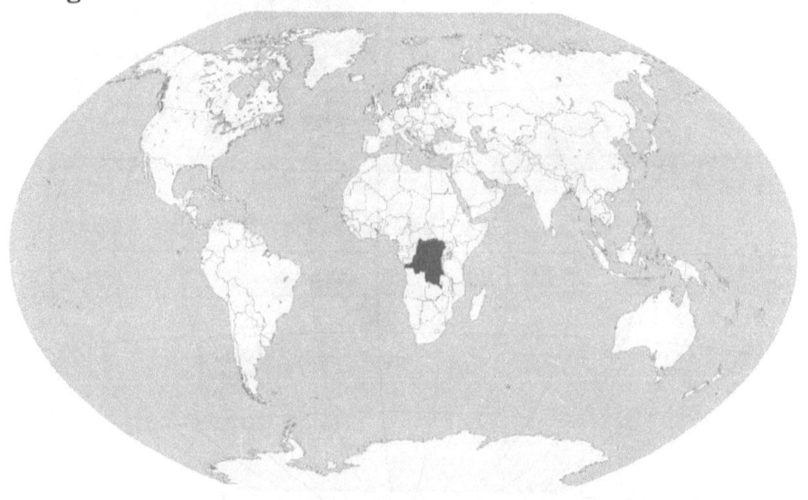

**Verwaltungs Arte des Kongo (1960)**

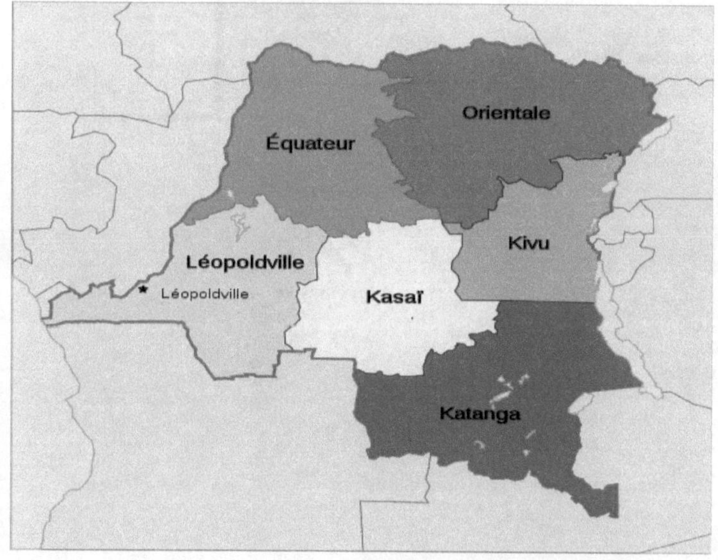

# Verwaltungskarte der Demokratischen Republik Kongo (2019)

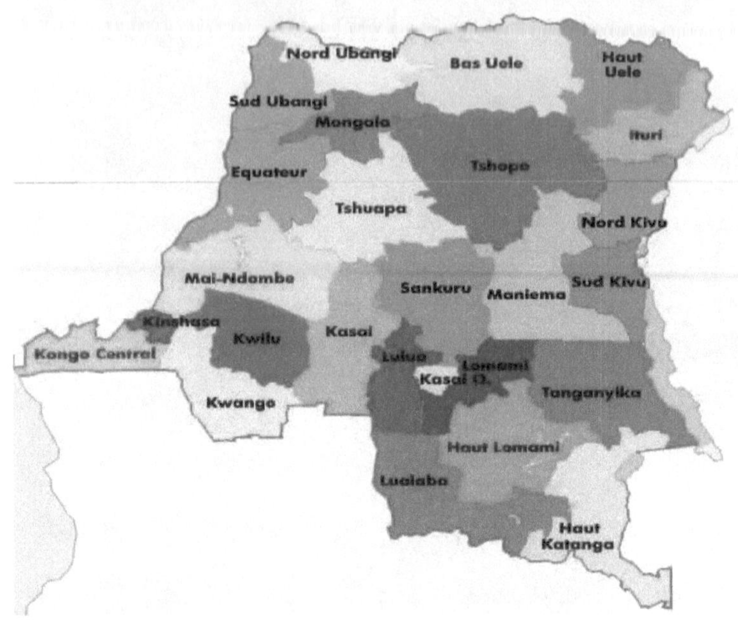


# Die Natürlichen Ressourcen der ZentralAfrikanischen Region

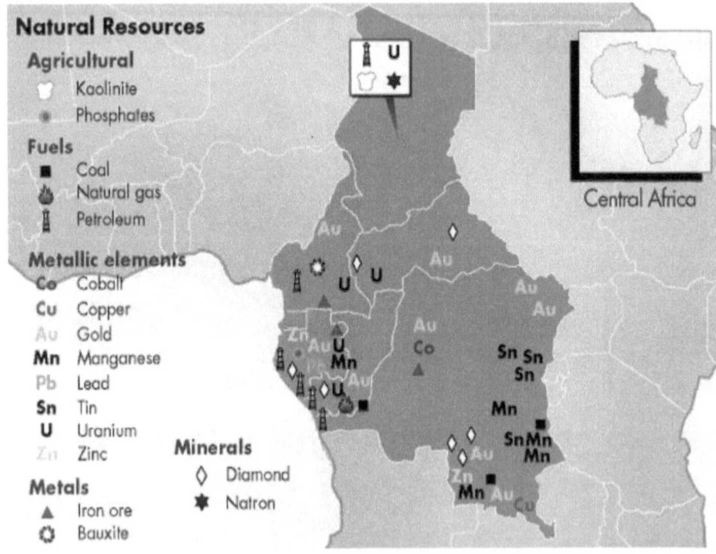

# Politische Karte der Afrikanischen Länder

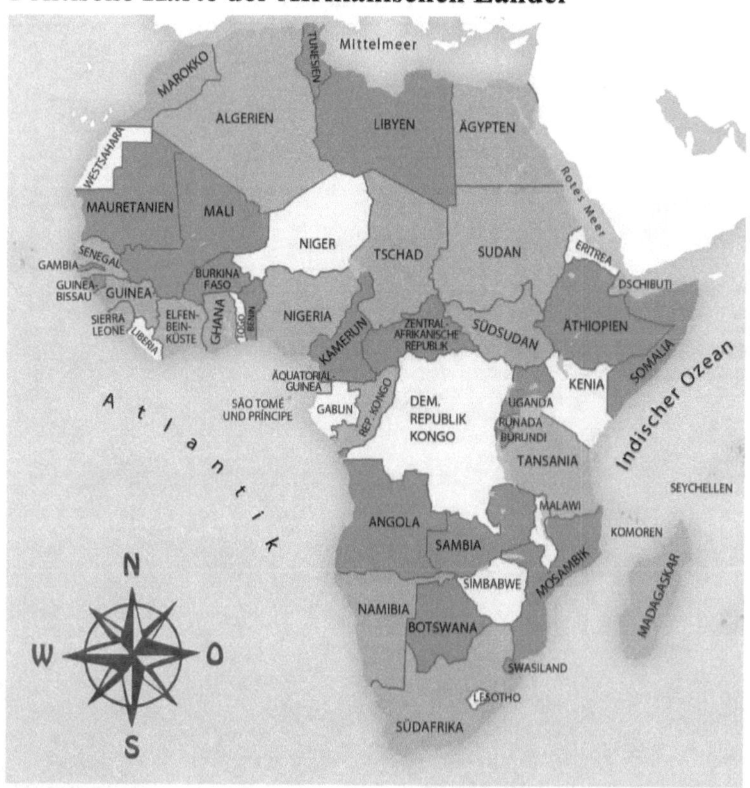

# Unabhängigkeits Karte der Afrikanischen Länder

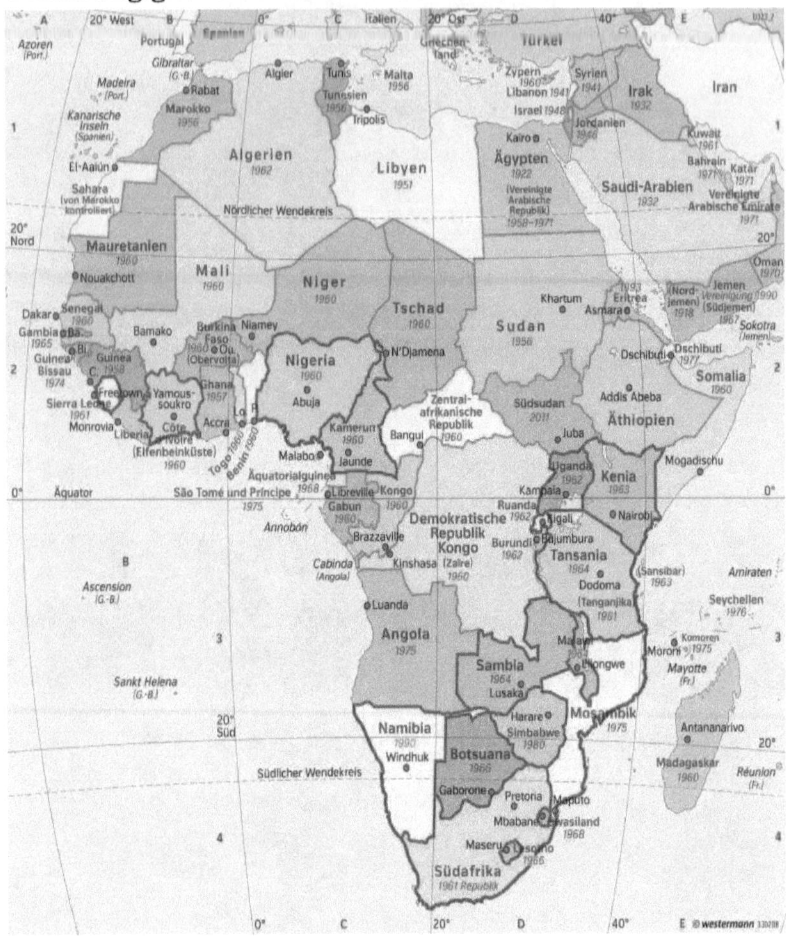

# EINFÜHRUNG

Auf meiner Suche nach der Antwort, warum bestimmte geopolitische Brennpunkte in der Welt existieren; in meinem neugierig sein um die Gründe zu kennen, warum einige Länder und die Welt im Allgemeinen plötzliche und dramatische Veränderungen erlebten, die zu Krieg, Instabilität oder einer Neuausrichtung ihrer Innen- und Außenpolitik führten, die nicht nur diese Länder betrafen, sondern auch bestimmte Regionen oder die ganze Welt beeinflussten, habe ich in den letzten Jahrzehnten politische Attentate untersucht, die unsere Welt verändert haben. Mit unserer Welt meine ich unsere Gemeinschaften, Länder, Regionen und die Menschheit als Ganzes.

Bei der Behandlung der verschiedenen Attentate im Laufe der Jahre habe ich einen Ansatz gewählt, der von der politischen Soziologie geprägt ist. Dabei habe ich die historischen und sozialen Faktoren, die nicht nur zu den Attentaten geführt haben, sondern auch aus der Tötung dieser historischen Figuren entstanden sind, genau analysiert. Und aus diesen Faktoren werden uns eine Idee oder Bilder präsentiert, wie sich die betroffene Gesellschaft seit den traumatischen Ereignissen entwickelt hat.

Aus den Rückschlägen, die auf die Ermordung historischer, legendärer oder ikonischer Persönlichkeiten folgten, können wir etwas Nützliches lernen und uns Szenarien ausdenken oder was als Katastrophen zu erwarten ist, wenn bestimmte Anführer ermordet werden, und entsprechend handeln, um ihre Ermordung zu verhindern.

# Kapitel Eins

## Patrice Lumumba

„Syrien ist schlimm genug, es ist eine ziemlich schreckliche Gräueltat. Aber es gibt viel Schlimmere auf der Welt. So waren zum Beispiel die schlimmsten Gräueltaten in den letzten zehn Jahren im Kongo, dem Ostkongo, wo vielleicht 5 Millionen Menschen getötet wurden."

**Noam Chomsky — 8. Oktober 2013**

## Patrice Lumumba kurz vor seinem Tod

Die Ermordung von Patrice Lumumba, dem ersten demokratisch gewählten Ministerpräsidenten der heutigen Demokratischen Republik Kongo (DR Kongo), am 17. Januar 1961 wird von vielen Afrikanern als die "wichtigste Ermordung des 20. Jahrhunderts" angesehen, weil sie das Land zerstört, hat Land, polarisiertes und gelähmtes Afrika, und weil es zu einer Uneinigkeit führte, von der sich der Kontinent noch nicht erholt hat.

Dieses abscheuliche Verbrechen war der Höhepunkt von zwei miteinander verwandten Mordanschlägen durch Elementen der Amerikanischen und Belgischen Regierung, die Kongolesische Komplizen und eine belgische Hinrichtungstruppe einsetzten, um den Anführer dieser

Säuglingsnation im Herzen Afrikas zu töten, die gerade am 30. Juni 1960 ihre Unabhängigkeit von Belgien erlangte.

Historiker, Soziologen und Geopolitiker sind sich einig, dass der Kongo das am meisten traumatisierte Land in Afrika und der Welt ist und dass Patrice Lumumbas Ermordung von allen Grausamkeiten, die der Kongo in seiner missbrauchten Geschichte erlebt hat, die grausamste Tat war. Tatsächlich wird es zu Recht als die Erbsünde des Landes angesehen.

Das Attentat fand weniger als sieben Monate nach der Unabhängigkeit dieses Territoriums statt, das 7,7% der Landmasse Afrikas einnimmt. Der Akt wurde zu einem Stolperstein in der Hoffnung, die hohen Ideale der Kongolesischen nationalen Einheit, des materiellen Wohlstands, der Demokratie, der wirtschaftlichen Unabhängigkeit, der Freiheit und der Panafrikanischen Solidarität, die Lumumba verfochten hatte.

Was besonders auffällt, ist die Tatsache, dass seine Ermordung war ein erschütternder Schlag für die Hoffnungen, Träumen und Bestrebungen von Millionen Kongolesen einen erschütternden Schlag versetzte und eine noch größere Zahl von Afrikanern auf dem gesamten Kontinent desillusionierte.

Die Tatsache, dass eine der größten Universitäten der Sowjetunion – die Volksfreundschaftsuniversität Russlands – die am 5. Februar 1960 gegründet wurde, am 22. Februar 1961 in „The Patrice Lumumba University" umbenannt wurde, und die Tatsache, dass diese Institution der Höheren Lernen hat, fast hunderttausend Ausländer ausgebildet, die meisten davon Afrikaner, unterstreicht die historische

Bedeutung des Todes des jungen Afrikaners für Afrika und den Rest der Welt während des Kalten Krieges.

Wie sich herausstellt, liegt die historische Bedeutung des Attentats in einer Vielzahl von Faktoren, von denen die zu dieser Zeit relevantesten auf den folgenden beruhten:

- r globale Kontext, in dem es stattfand (Präsident Eisenhower autorisierte das Attentat und die CIA führte seine Entführung und Überstellung durch; die Vereinten Nationen, ihr Generalsekretär Dag Hammarskjöld, die Sowjetunion und die britische M16 waren an der Tragödie beteiligt; und die Belgier leiteten seinen Mord und den seiner beiden Mitarbeiter (Verbündete Maurice Mpolo und Joseph Okito), bevor sie später die Leichen loswurden, indem sie sie ausgruben und in Schwefelsäure auflösten und dann die Knochen zermahlen und zerstreuten)

- seine Auswirkungen auf die Kongolesische Politik seitdem

- und Lumumbas gesamtes Erbe als staatsbürgerlich-nationalistische Führungspersönlichkeit und Panafrikanische Ikone. Schließlich arbeitete er mit Félix Moumié zusammen, dem Kamerunischen Führer der Befreiungsbewegung, den der Französische Geheimdienst (SDECE) am 3. November 1960 in Genf vergiftet hatte.

# Kapitel Zwei

Eine in der geopolitischen Sphäre vorherrschende Frage ist:

*Warum haben sich die USA, Großbritannien, Frankreich und Belgien an der Ermordung des ersten demokratisch gewählten Führers im Kongo beteiligt?*

Alles begann im April 1884, sieben Monate vor dem Berliner Kongress, als die Vereinigten Staaten von Amerika als erstes Land der Welt die Ansprüche des Belgischen Königs Leopold II. Auf die Gebiete des Kongobeckens anerkannten. Diese Gebiete wurden als Kongo-Freistaat bekannt. König Leopold II. Regierte es als sein Privateigentum und bediente sich einer kleinen Gruppe weißer Administratoren, die aus ganz Europa stammten.

## Teilungskarte von Afrika

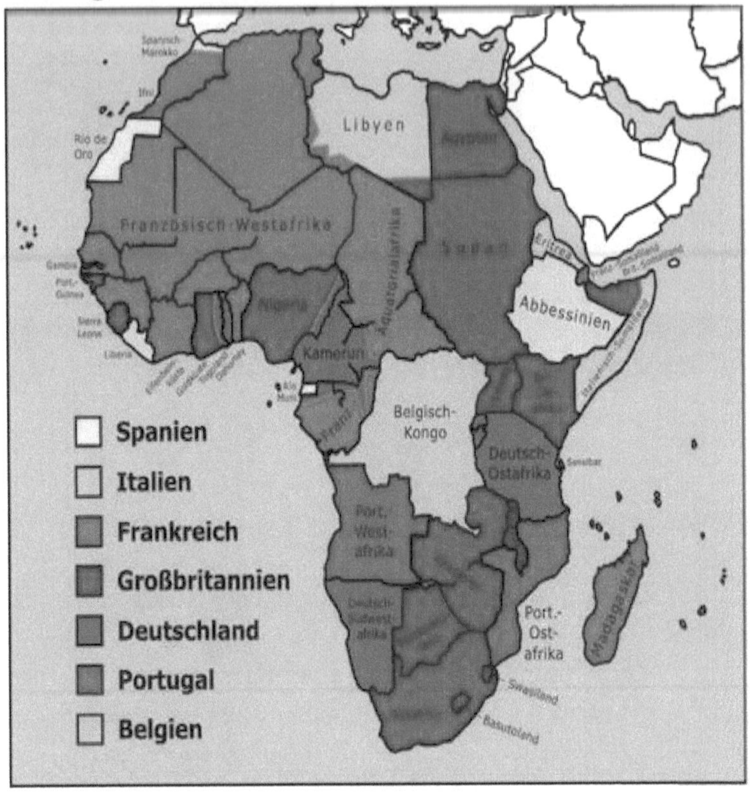


Der Freistaat Kongo machte König Leopold II. Zu einem der reichsten Monarchen der Welt, eine übergroße Leistung, da er der König von Belgien war, einem so kleinen Land in der Nachbarschaft mächtiger geopolitischer Einheiten wie der Briten und Deutschen, Russische und Österreichisch-Ungarische Reiche. Aber der Reichtum des Belgischen Königs wurde zu einem enormen Preis für die einheimische Afrikanische Bevölkerung angehäuft, da die Bevölkerung gezwungen war, unbezahlte Arbeit zu leisten, die sich nicht von der Sklaverei unterschied, bei der Ausbeutung der Bodenschätze, Wälder und landwirtschaftlichen Ressourcen des Landes für den Belgischen Monarchen. Als jedoch die Gräueltaten im Zusammenhang mit der brutalen wirtschaftlichen Ausbeutung im Kongo-Freistaat von König Leopold II zu Millionen Todesopfern führten, schlossen sich die Vereinigten Staaten von Amerika anderen Weltmächten an und zwangen den Belgischen Staat, den Kongo-Freistaat als reguläre Kolonie zu übernehmen und zu stoppen das Töten und das Verstümmeln der einheimischen Kongolesischen Bevölkerung — ein Völkermord an sich.

Erst nach der Umwandlung des Kongo in eine reguläre Kolonie erwarben die Vereinigten Staaten von Amerika eine strategische Beteiligung an dem enormen natürlichen Reichtum des Territoriums. Tatsächlich verwendeten die USA das Uran aus Kongolesischen Minen, um die ersten Atomwaffen herzustellen, die in den japanischen Städten Hiroshima und Nagasaki eingesetzt wurden, was zu einem abrupten Ende des Zweiten Weltkriegs im Pazifik führte.

Die strategische Bedeutung des rohstoffreichen Kongo im Besonderen und des rohstoffreichen Afrikas im Allgemeinen, insbesondere um den Alliierten zu helfen, den Zweiten Weltkrieg zu gewinnen, wurde später zu einem Fluch, als der Kontinent die Unabhängigkeit von seinen Kolonialherren anstrebte.

Dies war zu einer Zeit, als der Kalte Krieg die Geopolitik dominierte. Amerika und seine westlichen Verbündeten beschlossen, den Kolonien die Unabhängigkeit in Ordnung zu geben, aber nicht die Art von Unabhängigkeit, von der der Rest der Welt wusste. Die Westmächte waren nicht bereit, den Menschen in den afrikanischen Kolonien eine effektive Kontrolle über die strategischen Rohstoffe in ihren Territorien zu überlassen, aus Angst, dass diese Vermögenswerte in die Hände der Länder des sowjetischen oder kommunistischen Lagers fallen könnten. Aus diesem Grund sahen die westlichen Interessen eine Bedrohung in Patrice Lumumbas Entschlossenheit, eine echte Unabhängigkeit für den Kongo zu erreichen und die Ressourcen des Landes für die Entwicklung der aufstrebenden Nation und die Verbesserung der Lebensbedingungen des Kongolesischen Volkes voll unter Kontrolle zu bringen.

**Die Natürlichen Ressourcen der ZentralAfrikanischen Region**

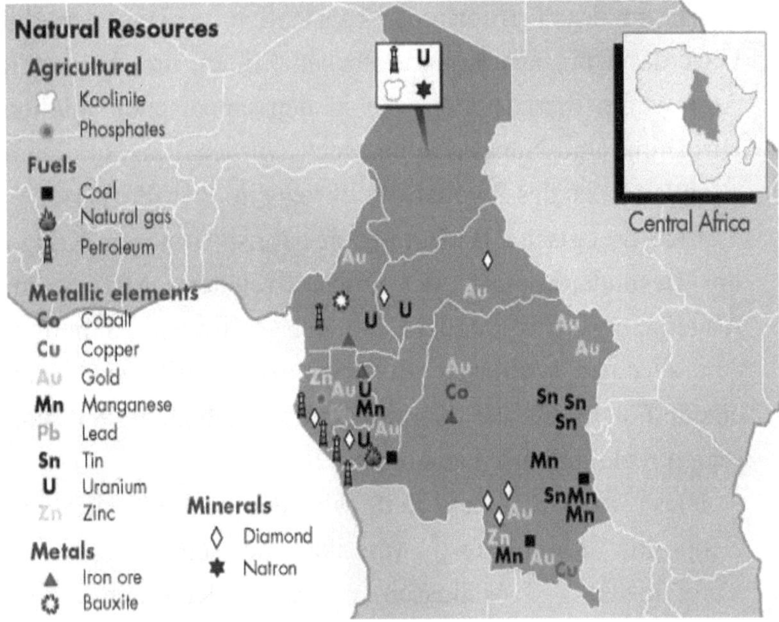


Um Patrice Lumumba aufzuhalten, ließen die Vereinigten Staaten von Amerika und Belgien nichts unversucht, einschließlich des Einsatzes des Sekretariats der Vereinten Nationen unter Dag Hammarskjöld und Ralph Bunche, des Kaufs der Unterstützung der Kongolesischen Rivalen von Lumumba, des Schweigens einiger afrikanischer Führer, die unterstützte Lumumba und das Panafrikanische Ziel, das er teilte, sowie den Kauf von angeheuerten Mördern (Söldner), um das Hindernis für ihre reibungslose Kontrolle über den Kongo zu beseitigen, Ein Land, das sie als quasi unabhängigen Staat sehen wollten, Das ist unterworfen den westlichen Führern, den westlichen Ländern und den westlichen Interessen.

# Kapitel Drei

Gleich nach der Erteilung der Unabhängigkeit an den Kongo am 30. Juni 1960 untergruben Belgien und seine westlichen Verbündeten die Stabilität des aufstrebenden Landes, indem sie eine virulente Opposition gegen die Regierung von Lumumba unter Einsatz westlich gestützter Kongolesischer Politiker ermutigten. Tatsächlich stand der Kongo im Dezember 1960 unter vier getrennten Regierungen, von denen drei unter dem Einfluss der Anti-Lumumba-Fraktionen standen, die von den Westmächten unterstützt wurden. Diese Rivalen waren:

- die Zentralregierung in der Kongolesischen

Hauptstadt Léopoldville (Kinshasa)

- eine rivalisierende Zentralregierung, die von Lumumbas Anhängern in Stanleyville (Kisangani) gegründet wurde

- ein sezessionistisches Regime in der mineralreichen Provinz Katanga unter der Führung von Moise Tshombe

- und eine weitere Sezessionsverwaltung in der Provinz South Kasai unter der Führung von Albert Kalonji.

Nach der Ermordung von Patrice Lumumba ein halbes Jahr nach der Gewährung der Unabhängigkeit für den Kongo, nachdem sie das, was die westlichen geopolitischen Akteure als größte Bedrohung für ihre Interessen im neuen Land empfanden, von der Macht entfernt hatten, Belgien, Großbritannien, Frankreich und die Vereinigten Staaten von Amerika leiteten internationale Bemühungen, um die Autorität des gemäßigten und pro-westlichen Regime in Kinshasa im gesamten Kongo zu verbreiten. Es war eine zweigleisige Strategie, die den Einsatz der neuen westlich geschaffenen Kongolesischen Armee unter dem Kommando des westlich unterstützten Regimes von Mobutu Sese Seko und den Einsatz von Friedenstruppen der Vereinten Nationen beinhaltete. Die Strategie war so effektiv, dass die Lumumbistische Hochburg im Osten des Landes um Kisangani im August 1961 fiel. Die Region Süd Kasai kapitulierte im September 1962, und die Abspaltung der Region Katanga wurde im Januar 1963 rückgängig gemacht.

## Die Kongokrise von 1960-1961

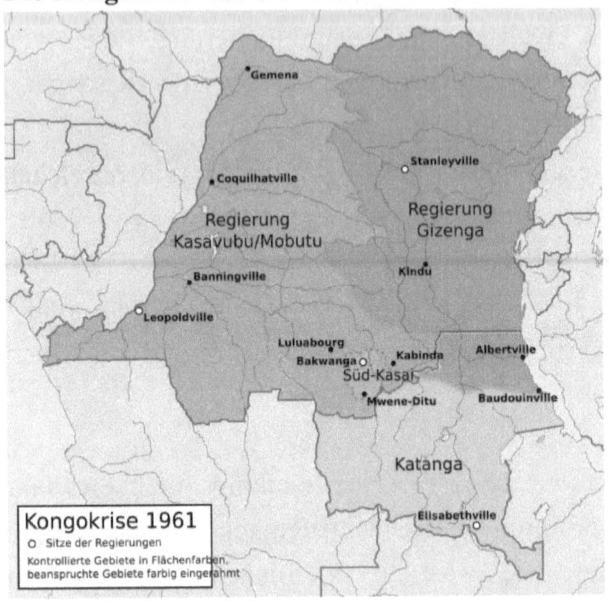


Nachdem die Westmächte den neu unabhängigen Kongo zerstört hatten, um Lumumba zu untergraben, nachdem sie Lumumba ermordet und eine Marionettenregierung eingesetzt hatten, um das Land wieder zu vereinen und zu stabilisieren, waren sie überrascht, als eine radikale soziale Bewegung für eine "zweite Unabhängigkeit" entstand und forderte den neokolonialen Staat und seine pro-westliche Führung heraus. Es war eine Massenbewegung von Arbeitern, niederen Beamten, städtischen Arbeitslosen, Bauern und Studenten. Sie wurden von Lumumbas Leutnants geführt, die sich größtenteils in der ehemaligen Französischen Kongolesischen Hauptstadt Brazzaville gegenüber der ehemaligen Belgischen Kongolesischen Hauptstadt Kinshasa über den Fluss Kongo versammelt hatten.

## Karte der Simba-Rebellion

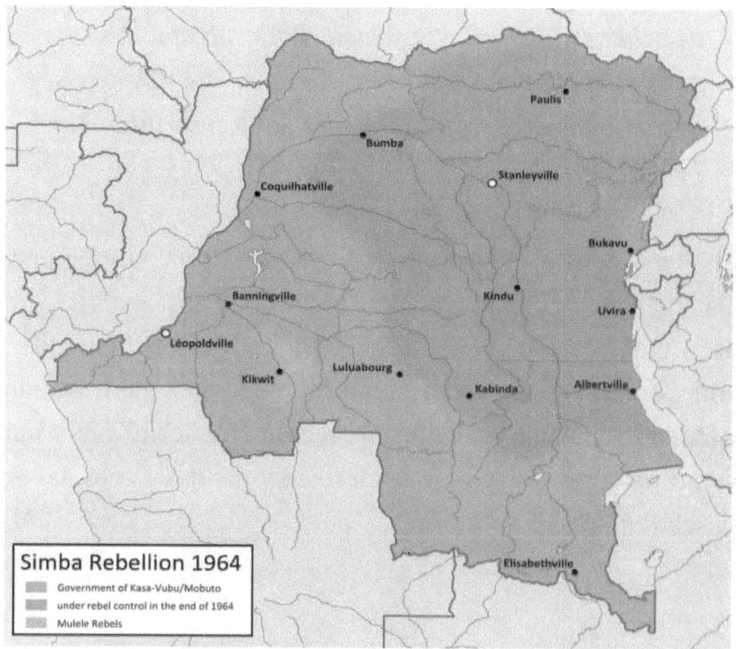


Im Oktober 1963 gründeten diese Lumumbisten einen National Liberation Council (CNL) mit dem Ziel, das Mobutu-Regime zu stürzen und einen neuen Kongo zu schaffen. Sie wurden so ernst genommen, dass die Sowjetunion ihnen militärische Unterstützung gewährte. Einige der wenigen überlebenden Panafrikanischen Regierungen auf dem Kontinent leisteten ebenfalls Unterstützung. Sogar Ernesto Che Guevara, die Argentinische Revolutionsikone und Stellvertreter von Fidel Castro aus Kuba, gründete eine Basis im Kongo, um diesen Lumumbisten und Antineokolonialisten zu helfen. Als Che Guevara 1964 schrieb, dass:

*„Wir müssen vorankommen und unermüdlich gegen den Imperialismus vorgehen. Wir müssen aus der ganzen Welt Lehren ziehen, die sich die Ereignisse leisten. Der Mord an Lumumba sollte uns allen eine Lehre sein... ",*

Er begann die Unsterblichkeit von Patrice Lumumba, nachdem er bei seiner Kongo-Expedition gescheitert war, die Lumumbisten gegen das westliche Marionettenregime von Mobutu Sese Seko aufzurütteln,  der den Kongo während seiner dreieinhalb Jahrzehnte Herrschaft nicht nur verarmte, aber wer wurde auch reicher als das Land, das er falsch regierte.

# Kapitel Vier

Auf allen Kontinenten der heutigen Welt gibt es eine Fülle von Straßen, Parks, Plätzen, Flughäfen, Statuen und anderen Infrastrukturen, die den Namen Lumumba zu Ehren eines Altruisten tragen, der eine fortgeschrittenere Form des staatsbürgerlichen Nationalismus namens Gewerkschaftsnationalismus angenommen, verschrieben hat. der sich gegen die Teilung seines Landes nach ethnischen oder regionalen Grenzen stellte und der den Panafrikanismus und die Befreiung aller Kolonialgebiete nicht nur in Afrika, sondern auch im Rest der Welt unterstützte.

Patrice Lumumbas Vermächtnis dient auch heute als Inspiration für die Kongolesische Politik, da Dutzende politischer Parteien ihren Glauben an seine Ideen des "Positiven Neutralismus" bekunden, der eine Rückkehr zu Afrikanischen Werten befürwortet und jede importierte Ideologie, einschließlich der Ideologie der USA, ablehnt Sowjetunion:

*"Wir sind keine Kommunisten oder Katholiken. Wir sind Afrikanische Nationalisten"*, sagte Patrice

Lumumba einmal.

Panafrikanistischen (diejenigen, die von einer künftigen Afrikanischen Wirtschaftsunion mit einem integrierten politischen System und einer militärischen Struktur träumen) schätzen das Erbe von Lumumba und stellen ihn neben Kwame Nkrumah aus Ghana, Sekou Touré aus Guinea, Julius Nyerere aus Tansania und die Kamerunischen Führer der historischen UPC-Partei von 1948-1970 — die während ihres Kampfes gegen den Französischen Kolonialismus und Neokolonialismus ermordet wurden, der zur Vereinigung und Unabhängigkeit des Landes führte — als Ikonen der Ära des afrikanischen Unabhängigkeitskampfes, die den Samen für die Afrikanische Union säte, die noch verwirklicht werden muss.

Am 31. Mai 1997 gelangte ein Lumumbist an die Macht, nachdem er einen umfassenden Aufstand gegen die Herrschaft der angeschlagenen Mobutu angeführt hatte unter dem Banner der Allianz der Demokratischen Kräfte für die Befreiung des Kongo-Zaire (ADFL), mit Unterstützung von Ruanda, Uganda und Burundi, damit Endung der Erste Kongokrieg. Dadurch Es war eine Meisterleistung, dass die ADFL nur ein halbes Jahr brauchte, um das gesamte Land zu erobern, ein Gebiet, das etwas mehr als halb so groß ist wie die Europäische Union.

Laurent-Désiré Kabila, wie Mobutos Erzfeind oder neuer Präsident genannt wurde, gab eine kraftvolle Erklärung ab, als er den Namen des Landes von Zaire in Demokratische Republik Kongo änderte, wie die zentralafrikanische Nation von 1964 bis 1971 bekannt war.

Laurent-Désiré Kabila kam nicht von ungefähr. Tatsächlich war er 1965 nach der Krise im Kongo und dem anschließenden Aufstand gegen Mobutu Sese Sekou der bedeutendste Vertreter des verstorbenen Patrice Lumumba. Er wurde sogar von Che Guevera während seiner Kongo-Expedition anerkannt, obwohl der Argentinische Revolutionär dachte, sein Kongolesisches Gegenüber sei zu dieser Zeit zu abgelenkt, und kam zu dem Schluss, dass er "nicht der Mann der Stunde" sei.

Obwohl Laurent Kabilas frühere Verbündete (Ruanda, Uganda und Burundi) sich ein Jahr später gegen ihn wenden und einen neuen Aufstand gegen seine Herrschaft unter dem Banner der Rallye für die Kongolesische Demokratie (RCD) unterstützen und damit den Zweiten Kongo Krieg auslösen würden mit der Folge, dass er die Kontrolle über Ostkongo verlor, setzte sich das Vermächtnis von Lumumba durch, als er mit Unterstützung von Angola, Namibia und Simbabwe den Süden und Westen des Landes festhielt. Laurent Kabila würde am 1. Januar 2001, eineinhalb Jahre nach dem Abzug aller ausländischen Truppen aus dem Land, von seiner Wache erschossen. Das Erbe von Lumumba wurde jedoch nie aufgegeben, da sein Sohn Joseph Kabila seine Nachfolge antrat und bis zum 25. Januar 2019 regierte, als Félix Tshisekedi nach seinem Wahlsieg im Jahr zuvor neuer Präsident wurde. Das Kabila-Team und das Team des neuen Präsidenten haben Anfang 2019 eine Arbeitsallianz geschmiedet. Das Ergebnis ist eine Vereinbarung zwischen der mit Kabila verbundenen FCC und der CACH-Allianz von Tshisekedi, die dafür sorgt, dass die Streitkräfte, die Patrice Lumumbas positive Rolle in der Kongolesischen Geschichte anerkennen, weiterhin den Kongo regieren, auch wenn sie die von ihm aufgestellten Standards nicht einhalten.

Der tragische Verlust von Patrice Lumumba wurde am besten von Noam Chomsky während eines Interviews am 11. September 2013 mit der renommierten nicht etablierten Rundfunkjournalistin, syndizierten Kolumnistin, investigativen Reporterin und Autorin Amy Goodman zum Ausdruck gebracht, deren investigative Aufträge brachten ihr an Orte wie Nigeria und Osttimor. Er hat das gesagt:

*„Der Mord an Lumumba im Kongo, an dem die USA beteiligt waren, hat Afrikas große Hoffnung auf Entwicklung zunichte gemacht. Der Kongo ist jetzt seit Jahren eine totale Horrorgeschichte.“*

Nun gilt Professor Noam Chomsky, der von vielen als der größte lebende Intellektuelle angesehen wird, auch als großer Amerikanischer Historiker, Sprachwissenschaftler, Philosoph, politischer Aktivist, Kognitionswissenschaftler und Gesellschaftskritiker, dessen Beherrschung der analytischen Philosophie beneidenswert ist. Wenn er also weiter in den Kongo zurückkehrt, um die Lage des Landes als Opfer von Sklaverei, Kolonialismus, Neokolonialismus, Kaltem Krieg, Imperialismus und auch Globalismus herauszustellen, wir verstehen, warum manche Experten betrachten die geopolitische Einheit als das erwürgte Herz von Afrika, dessen Ressourcen eher ein Fluch als ein Segen zu sein scheinen. Als er sein Publikum darauf hinwies, dass:

*„Das wichtigste Mineral in Ihrem Handy, Coltan [ein schwarzes Metallerz], stammt aus dem Ostkongo. Dort nutzen multinationale Konzerne die sehr reichen Bodenschätze der Region. Viele von ihnen unterstützen Milizen, die gegeneinander kämpfen, um die Kontrolle über die Ressourcen oder einen Teil der Ressourcen zu erlangen. "*

Er unterstrich den Grund, warum dieses Land, das den größten Teil des Raums in Mittel oder Zentral Afrika einnimmt, der Spielplatz der ausländischen Streitkräfte ist, die in Afrika und seinen reichen Ressourcen nichts als Beute sehen, die mit geringen oder keinen Kosten geplündert werden Kann, indem diejenigen beseitigt werden, die Unterstützung bei der Verteidigung der Interessen von Land und Leuten und deren Ersetzung durch Kompradoren, die stattdessen für ausländische Interessen und ihre eigenen Interessen gegen die Interessen ihrer Länder und Leute arbeiten würden.

Es ist kaum drei Jahrzehnte her, dass Zaire (Kongo-Kinshasa) und Kamerun den Ruf hatten, die einzigen beiden Länder in Afrika zu sein, in denen diejenigen, die für ihre Befreiung oder Unabhängigkeit geopfert hatten, nie regiert hatten. Die Tatsache, dass es den Kongolesen des ehemaligen Belgisch-Kongo gelungen ist, ihre Führer mit der bösen Disposition zu überwinden, die von ausländischen Mächten eingesetzt wurde, um den

Interessen dieser fremden Mächte gegen das Wohlergehen des kongolesischen Volkes zu dienen, zeigt uns, dass das Land auf dem schwierigen Weg, die Verwüstungen der Sklaverei umzukehren, einen langen Weg zurückgelegt hat. Kolonialismus, Neokolonialismus und Imperialismus lassen Kamerun als einziges Land in Afrika mit einer unvollendeten Befreiung zurück, die das heimgesuchte Land auseinander zu reißen droht, es sei denn, die Bürger-Nationalisten Kameruns handeln rechtzeitig und bauen das von Frankreich auferlegte System ab, die das Biya-Regime verwaltet, in was ist im Allgemeinen die Entartung dieser geopolitischen Einheit, die als der Mikrokosmos von Afrikabekannt ist.

## Demokratie Index: Afrika und die Welt

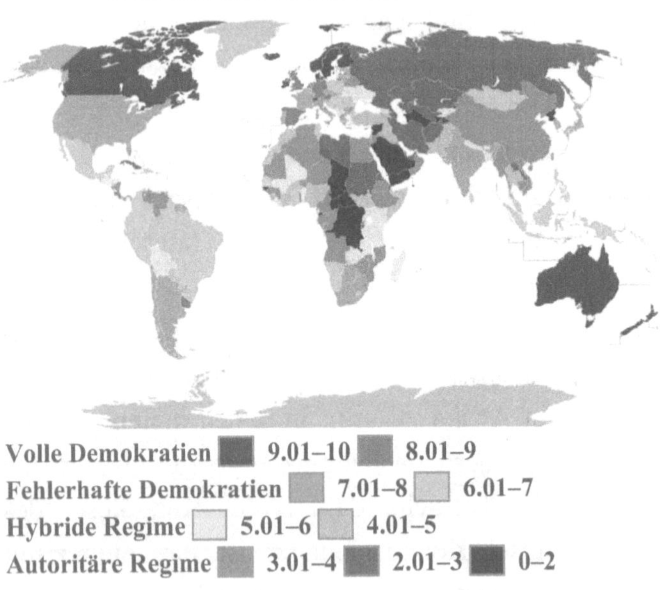

# Politische Karte der Afrikanischen Länder

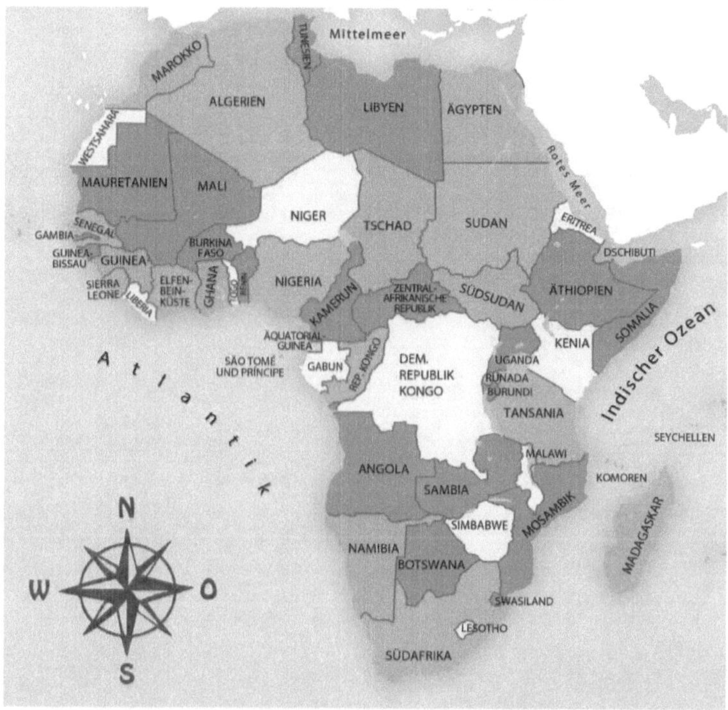